Bibliografische Information der Deutschen Nationalbibliothek
Die Deutsche Nationalbibliothek verzeichnet diese Publikation in der Deutschen Nationalbibliografie; detaillierte bibliografische Daten sind im Internet über http://dnb.d-nb.de abrufbar.

1. Auflage
© 2023 High Energy Mind, München
High Energy Mind, Stefan-George-Ring 2, 81929 München

Text: Philipp Hausser
Grafik & Satz: Philipp Hausser
Druck und Bindearbeiten: Amazon Media EU S.à r.l., 5 Rue Plaetis, L-2338, Luxembourg

ISBN Taschenbuch: 9798371000644
ISBN Gebundene Ausgabe: 9798371708724

Weitere Informationen zum Verlag finden Sie unter
www.highenergymind.com/publishing

Einführung

In diesen hektischen Zeiten tut es uns gut, wenn wir uns eine Auszeit gönnen und in einen Zustand der inneren Ausgeglichenheit kommen. Dieses Affirmationen-Malbuch unterstützt Sie dabei, Entspannung und Achtsamkeit mit Kreativität zu verbinden. Lassen Sie sich von der Ruhe und dem Frieden, die das Ausmalen und die Affirmationen bieten, inspirieren und gönnen Sie sich eine Auszeit vom Alltagsstress.

52 kraftvolle positive Affirmationen warten darauf, von Ihnen entdeckt zu werden. Sie werden Ihnen helfen, Ihren Geist zu beruhigen und sich auf das Gegenwärtige zu konzentrieren. Jede Seite bietet Ihnen die Möglichkeit, Ihre Kreativität auszuleben und dabei in einen Zustand tiefer Entspannung zu gelangen. Die Affirmationen werden von liebevoll gestalteten Motiven begleitet, die Sie nach Lust und Laune mit Farben füllen können.

Durch das Ausmalen und meditative Wiederholen der Affirmationen können Sie Ihre Gedanken ordnen und sich auf das Hier und Jetzt einlassen. Die Kraft von Affirmationen liegt in ihrer Fähigkeit, unser Unterbewusstsein zu beeinflussen und unsere Gedanken und Verhaltensweisen positiv zu verändern. Durch das bewusste und unterbewusste Aufnehmen der neuen Glaubenssätze erleben Sie mit diesem Buch gleich die doppelte Wirkung.

Als Bonus können Sie alle 52 Malvorlagen auf unserer Website kostenlos herunterladen. Sie können die PDF-Dateien beliebig oft ausdrucken, mit neuen Farben verzieren und andere Papierstärken ausprobieren. Für spirituelle Kunstwerke mit Pinsel oder Schwamm empfehle ich Ihnen ein dickeres Papier, das Ihre Kreativität aushält. Der Download-Link steht auf den letzten Seiten.

Ich wünsche Ihnen viel Freude beim Ausmalen und Manifestieren. Ich hoffe, dass Sie durch die Arbeit mit diesem Buch eine tiefere Verbindung zu sich selbst und Ihren Gedanken und Gefühlen finden. Genießen Sie die erfüllende und achtsame Reise zu Ihrem inneren Selbst.

Affirmationen

- Ich bin ein Magnet für Liebe und Glück.
- Erfolg, Wohlstand und Fülle existieren in mir.
- Meine Gedanken sind liebevoll und positiv.
- Ich kann im Hier und Jetzt bleiben.
- Ich bin im Einklang mit dem Universum.
- Ich liebe mich jetzt mehr als je zuvor.
- Geld ist eine wunderbare Kraft des Guten.
- Ich öffne mich für Freude, Energie und Glück.
- Ich führe ein erfolgreiches und erfülltes Leben.
- Ich liebe und akzeptiere mich jeden Tag mehr.
- Ich lebe im Hier und Jetzt und achte den Moment.
- Ich fühle mich sicher und glücklich.
- Ich öffne mich jetzt für die Schönheit des Lebens.
- Liebe ist das stärkste Gefühl im Universum.
- Ich bin innerlich und äußerlich reich.
- Jeden Tag komme ich meinem Ziel näher.
- Ich liebe das Leben, das ich für mich erschaffe.
- Ich bin erfolgreich in allem, was ich tue.
- Ich akzeptiere mich so, wie ich bin.
- Ich bin gesund in Geist, Körper und Seele.
- Je mehr ich gebe, desto mehr empfange ich.
- Ich öffne mich jetzt für meine Lebensfreude.
- Ich bin dankbar und glücklich.
- Ich glaube an mich und meine Fähigkeiten.
- Ich liebe mich so, wie ich bin.
- Ich bin ruhig, zufrieden und gelassen.

- Ich öffne mein Herz für die Wunder des Universums.
- Ich bin wohlhabend, erfolgreich und glücklich.
- Meine Ziele und Visionen geben mir Kraft und Motivation.
- Ich bin gesund. Ich bin glücklich. Ich bin stark.
- Ich bin voller Energie, Kraft und Gesundheit.
- Ich bin genau richtig, so wie ich bin.
- Ich bin ein Magnet für Geld und Reichtum.
- Das Universum sorgt liebevoll für mich.
- Ich verdiene alles Gute im Leben.
- Ich bin in Harmonie mit mir selbst.
- Ich sehe das Positive in jedem Menschen.
- Ich nehme mein Leben in Dankbarkeit an.
- Ich habe Vertrauen in mich selbst.
- Ich öffne mich für Liebe und Freude in meinem Leben.
- Alles, was ich brauche, ist bereits in mir.
- Ich bin die wichtigste Person in meinem Leben.
- Ich kann jedes Ziel erreichen, das ich mir setze.
- Ich bin positiv und optimistisch.
- Ich verdiene alles Gute der Welt.
- Ich bin ein wichtiger Teil dieser Welt.
- Ich bin reich und erfüllt auf allen Ebenen.
- Ich bin in Frieden mit mir.
- Ich mag mich so, wie ich bin.
- Ich liebe mein Leben.
- Ich bin mit dem Universum verbunden.
- Ich bin mir selbst treu in allem, was ich tue.

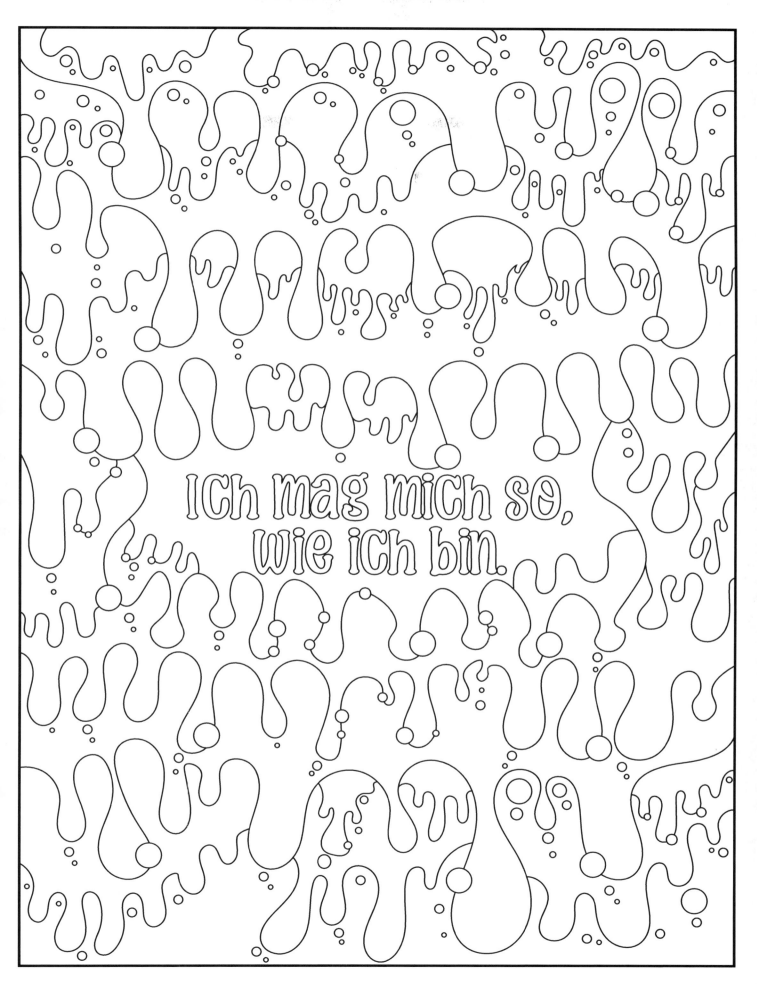

Download der Malvorlagen

Ich hoffe, Sie hatten beim Ausmalen der Bilder genauso viel Freude, wie ich bei der Gestaltung hatte.

Alle 52 Malvorlagen können von Ihnen als KäuferIn dieses Malbuchs ohne weitere Kosten heruntergeladen werden. Sie können die **Motive im PDF-Format** beliebig oft für Ihren eigenen Bedarf ausdrucken und erneut kreativ werden. Der Weiterverkauf oder das Anbieten der Grafiken im Internet ist nicht gestattet.

Ich empfehle Ihnen, die Motive **auf dickerem Papier auszudrucken**. Malpapier oder Zeichenkarton in 150 oder 200 g/qm bietet ein ganz anderes Malerlebnis und verträgt auch die Gestaltung mit Pinsel oder Schwamm besser.

Sie finden den **Download zu diesem Buch** unter www.highenergymind.com/publishing/b9download/

Das Werk ist urheberrechtlich geschützt. Alle Rechte vorbehalten. Das Werk darf – auch teilweise – nur mit Genehmigung des Verlags wiedergegeben werden.

Sollte diese Publikation Links auf Webseiten Dritter enthalten, so übernehmen wir für deren Inhalte keine Haftung, da wir uns diese nicht zu eigen machen, sondern lediglich auf deren Stand zum Zeitpunkt der Erstveröffentlichung verweisen.

Über den Autor

Philipp Hausser ist Gründer von High Energy Mind. An der Grenze zwischen Neurowissenschaft und positiver Psychologie tritt er seit Jahren für ein modernes, aufgeklärtes Bild von Spiritualität ein. Seine Publikationen über Websites, Social Media, Podcasts und Newsletter erreichen jeden Monat ein Millionen Publikum.

Für Fragen und Anregungen

publishing@highenergymind.com

www.highenergymind.com

Printed in Poland
by Amazon Fulfillment
Poland Sp. z o.o., Wrocław
15 November 2023

0b3fdd68-e615-42d4-b880-b0b17b00768fR01